AF562829

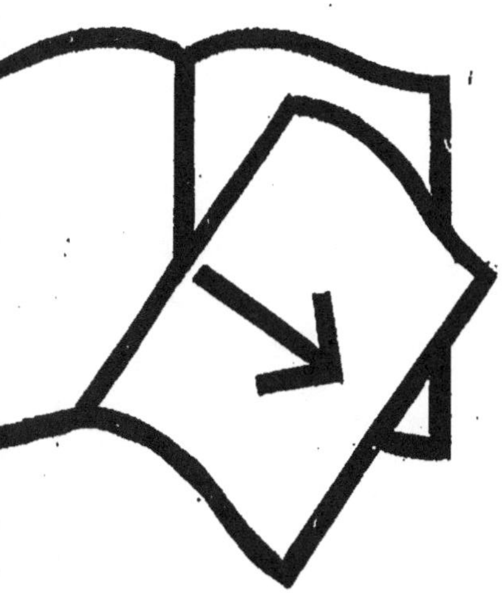

Couverture inférieure manquante

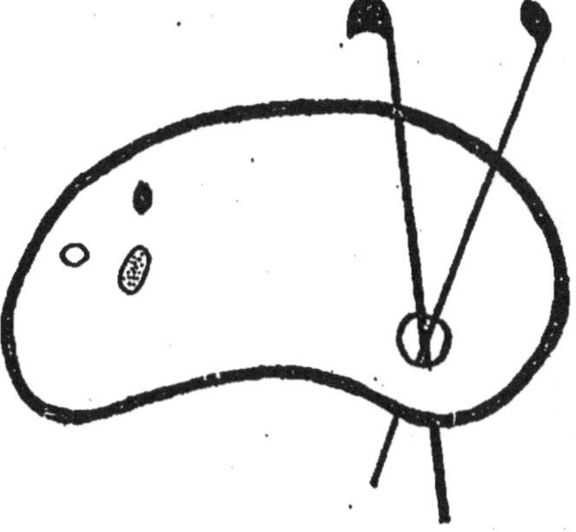

ORIGINAL EN COULEUR
NF Z 43-120-8

MONOGRAPHIE

DE

CHAMPTOCEAUX

par

P. GODET.

SAUMUR,

IMPRIMERIE DE P. GODET, PLACE DU MARCHÉ-NOIR, 1.

—

1865.

Lk7 12169

MONOGRAPHIE

DE

CHAMPTOCEAUX

1866

Lk7
12169.

MONOGRAPHIE

DE

CHAMPTOCEAUX

par

P. GODET.

SAUMUR,

IMPRIMERIE DE P. GODET, PLACE DU MARCHÉ-NOIR, 1.

—

1865.

PRÉFACE

Ce n'est qu'après bien des hésitations et non sans crainte que nous publions la *Monographie de Champtoceaux*. Nous l'avions faite pour nous, pour notre instruction, pour protester en secret contre l'oubli dans lequel on a laissé tomber la plus célèbre enceinte féodale de nos contrées. Quelques amis ont cru que nos recherches offriraient un peu d'intérêt. Nous avons cédé trop facilement sans doute à leur avis, car nous n'avons aucune des qualités littéraires qui constituent l'historien. Pour bien remplir cette fonction, il faut être, dit Cicéron, un orateur éminent.

Nous avons été téméraire; aussi nous ne

réclamerons pas l'indulgence du lecteur : nous n'y avons aucun droit, puisque, sans nécessité, nous avons suivi les sentiers si difficiles de l'histoire, où les obstacles se rencontrent à chaque pas, surtout quand on remonte aux temps qui ont précédé la monarchie française, et même quand on explore les siècles qui en ont suivi l'établissement.

Nous aurons certainement commis bien des erreurs : erreurs dans l'ordre de succession de certains seigneurs ; erreurs dans les faits et dans leur appréciation. Pourtant, c'est aux meilleures sources que nous avons puisé ; ce sont les titres publiés par les Bénédictins, dans les *Preuves de l'Histoire de Bretagne*, qui nous ont servi de guide. Nous avons compulsé les précieuses bibliothèques de nos provinces de l'Ouest ; nous avons demandé et obtenu l'appui, les conseils de ces hommes éminents qui fouillent avec tant de zèle et de talent nos vieilles et riches archives ; nous avons enfin cherché partout où nous avons espéré trouver quelques renseignements utiles (1).

Il est toutefois des pages qu'on lira avec plaisir, celles que nous avons empruntées aux écrivains de la vieille école. Elles feront oublier l'incorrection, la monotonie des autres, où se révèlent pourtant des faits bien intéressants; car l'histoire de Champtoceaux se recommande d'elle-même; elle n'a pas besoin d'un narrateur habile pour attirer l'attention, pour mériter l'intérêt. Cette cité n'est pas seulement remarquable par son site riant et pittoresque, elle l'est surtout par son passé, par les souvenirs qui s'y rattachent.

(1) Nous sommes heureux de pouvoir ici adresser nos sincères remerciements à M. Port, archiviste à Angers; à M. E. Campardon, archiviste aux Archives de l'Empire; à M. de Fourmont, bibliothécaire à Nantes. C'est à leurs obligeantes communications que nous devons d'avoir pu écrire certains points très-obscurs de notre histoire.

Les druides y exerçaient leur empire quand les Romains vinrent y asseoir leur camp, y jeter leur civilisation païenne.

Quelques années après César, saint Méen, soldat du Christ, renverse les idoles des deux peuples et plante la croix sur les autels de Teutatès.

Puis apparaît Renaud : ce guerrier breton, prenant sous sa garde le premier asile élevé au christianisme dans le pays, le met à l'abri des invasions barbares sous ses remparts et sa citadelle. Une longue suite de seigneurs lui succèdent, les uns connus dans l'histoire par leurs bonnes œuvres, les autres tristement célèbres par leurs méfaits.

Les rois et les grands capitaines s'illustrent sous ses murs. Saint Louis, ce roi qui *fit le siècle d'or de la France, qui laissa sur le trône une odeur de vertu que les siècles n'ont pu faire évanouir.*

Pierre de Dreux, Mauclerc, si perfide, mais si brave, qui, *presque seul échappé au massacre de la Massoure, vomissait des flots de sang, et ne tenait son cheval que par la crinière, car ses rênes et ses caparaçons avaient été coupés par le fer ennemi.*

Le connétable de Clisson, jaloux, vindicatif, avare, mais brave comme son épée, frère d'armes de Duguesclin, et qui, *après ce héros, a le plus contribué à retarder les malheurs près de fondre sur la France.*

Ainsi, on le voit, l'histoire de Champtoceaux a des droits à l'attention du lecteur. Cette considération seule peut légitimer la témérité de notre publication. Si nous avons pu faire revivre quelques souvenirs de gloire de ce beau pays ; si nous avons pu ouvrir la voie à de plus habiles que nous, nous serons heureux de notre travail et largement récompensé des peines qu'il nous a coûtées. C'est notre unique désir et la seule gloire que nous ambitionnions.

MONOGRAPHIE

DE

CHAMPTOCEAUX (1)

CHAMPTOCEAUX, dont la population ne dépasse pas aujourd'hui 1,700 âmes, était autrefois, par sa position stratégique, une ville importante. Poste avancé, à l'une des extrémités du pays des Mauges, aux confins de la Bretagne et de l'Anjou, il était le boulevard tantôt de l'une tantôt de l'autre, selon que la châtellenie était angevine ou bretonne.

(1) On écrit aujourd'hui *Champtoceaux* et *Chantoceaux*. Ces deux orthographes n'ont aucune raison d'être : elles sont sans rapport avec l'étymologie *Castrum Celsum*, *Châteauceaux*. C'est cette dernière dénomination que nous adopterons dans les commencements de notre récit. Nous y substituerons la nouvelle quand nous arriverons aux temps où elle devint *historiquement officielle*. Toutefois nous devons dire que M. Deric, qui a peut-être trop le goût des étymologies celtiques, écrit *Chantoceaux*. Il le fait dériver de *canto* (montagne) et de *saw* (rivière), par où l'on doit entendre, dit-il, montagne auprès d'une rivière.

Dans les derniers temps elle avait des rapports de dépendance avec les deux provinces. Pour le spirituel elle était sujette de l'évêché de Nantes, et suivait la liturgie de ce diocèse. Pour le temporel, elle était régie par un sénéchal, officier chargé de rendre la justice au nom du seigneur suzerain; il ressortissait du présidial d'Angers. Les habitants payaient l'impôt du sel dont les Bretons étaient exempts.

La nouvelle organisation de la France, en 1790, a fait disparaître ces anomalies. Mais n'anticipons pas sur les faits et suivons l'ordre chronologique.

L'histoire rapporte qu'après avoir généreusement combattu contre Conan, comte de Rennes, sous les ordres et le commandement de Guerech, comte de Nantes, Renaud, dit Turingus, vers la fin du Xe siècle, obtint de son suzerain, comme récompense, l'autorisation de bâtir *Castrum Celsum*.

Est-ce à dire que Châteauceaux, comme agglomération d'un certain nombre d'individus, ne date que de 980 ou 990 ? Non sans doute.

L'auteur d'une *Histoire ecclésiastique de Bretagne*, M. Deric, raconte qu'au commencement du VIIe siècle un disciple de saint Félix, évêque de Nantes, saint Méen (ou saint Men), s'arrêta, à son retour de Rome, dans la ville d'Angers où il fut sollicité de prêcher, et que de là il vint annoncer la parole de Dieu aux habitants de Châteauceaux, qui étaient payens. Il le fit avec tant de succès qu'il les gagna tous au christianisme.

M. de Cornulier, dans son remarquable *Dictionnaire des terres et des seigneuries du comté Nantais et de la Loire-Inférieure*, croit que Châteauceaux fut réuni à la Bretagne par Nominoë, vers 847. Il s'appuie sans doute sur ce que, dans ce temps-là, cet ambitieux conquérant *entra sur les terres de France*, et ravagea tout le pays.

Mais ces deux dates quelque éloignées qu'elles soient ne nous suffisent pas encore, Châteauceaux, croyons-nous, a une origine bien antérieure.

Il n'est pas vraisemblable en effet que, dès les temps qui ont précédé l'ère chrétienne, quelques-unes de ces tribus gauloises qui sillonnèrent l'ouest de l'Europe, ne soient pas venues s'établir dans ces contrées si richement dotées par la nature. Un fleuve aux rives fertiles, des forêts vierges d'une grande étendue, un site d'une splendeur sans égale, tout y conviait cette race, nomade par besoin, qui aspirait à se fixer là où elle trouverait nourriture et abri faciles.

Châteauceaux, plus qu'aucun autre lieu, offrait ces avantages : la Loire et des ravins profonds et abruptes le défendaient ; le sol produisait, presque sans culture, les choses nécessaires à la vie : les racines, les grains, et la chair des animaux.

Aussi les Romains, si habiles dans le choix des lieux où il convenait d'établir leurs camps, ne manquèrent-ils pas de s'y asseoir. Car sans adopter la version de Bourdigné (1) sur l'origine de Châteauceaux, il est incontestable qu'il y avait autrefois en cet endroit une for-

(1) L'ung des questeurs Rommains nommé CELSUS pour les tributz que l'on leur devait mettre en sureté fait ès fins d'Anjou et Bretaigne Armorique bastir ung puissant chasteau que il nomma de son nom *Chateau-Ceaulx* lequel on appelle maintenant en langage corrompu *Chantoceaulx*.

teresse romaine, ainsi que l'attestent des murs, les uns imbriqués, les autres striés et des fragments de briques antiques qui se trouvent dans les décombres.

Ne les eût-on pas trouvées que le séjour des légions de César sur notre coteau nous paraîtrait encore hors de doute.

M. Bodin, dans ses *Recherches historiques sur l'Anjou*, M. Godard-Faultrier, dans *l'Anjou et ses monuments*, partagent cette opinion, et l'appuient, le premier, sur les fragments de briques antiques trouvées dans le château; le second, sur l'existence d'une voie romaine partant de Segourie (environs du fief Sauvin) et se dirigeant vers l'ouest sur Châteauceaux. Leur assertion se trouve confirmée par le texte même de César : *lib. 2, cap. XXXV, et lib. 3, cap. XI.*

L'Armorique s'étant soumise, ou plutôt ayant fait semblant de se soumettre, César, qui était pressé de se rendre en Italie, avait mis ses légions en quartier d'hiver dans les pays voisins de ceux où il avait fait la guerre, chez les Andes, les Turons, les Carnutes, — — *Angers* (1), *Tours*, *Orléans*, — c'est-à-dire sur les points principaux du littoral de la Loire. Bientôt les Venètes s'insurgent et entraînent les Nannètes dans la révolte. César rentre aussitôt dans la Gaule, fait construire sur la Loire une flotte pour les attaquer par mer, et marche contre eux en personne, avec les troupes de terre, ayant soin, *avant que d'autres Etats fussent entrés*

(1) On sait que le camp de César chez les Andes était à Fremur, au confluent de la Mayenne et de la Loire.

dans la ligue, de partager son armée et de la distribuer sur un plus grand nombre de points. Or, en supposant qu'il n'y eût pas encore de garnison romaine établie à Châteauceaux, quel point plus sûr, plus inexpugnable, César pouvait-il choisir dans le voisinage du pays insurgé? Le poste de Châteauceaux était plus avantageusement situé qu'aucun : défendu naturellement par des ravins escarpés de 30 ou 40 mètres de profondeur et et par la Loire large et rapide en cet endroit; il ne laissait ouvert qu'un très-petit espace à l'est, facilement défendable par des travaux d'art militaire si familiers à ce peuple conquérant. Du sommet des coteaux, le chef de la station (*stativa castra*) pouvait, par des signaux, correspondre avec la légion fixée chez les Nannètes, lui transmettre des avertissements, demander des secours, donner ou recevoir des ordres.

Tout confirme donc l'opinion de MM. Bodin et Godard-Faultrier : murs imbriqués et striés, briques antiques, voie romaine. Ajoutons que l'inspection des lieux ne laisse aucun doute, et que la tradition populaire sur le séjour des Romains en notre pays s'est perpétuée jusqu'à nos jours.

Mais que se passa-t-il dans cette cité pendant près de dix siècles? Il est difficile de répondre. Cependant il est à supposer que Châteauceaux suivit le sort de Nantes, dont il fut presque toujours dépendant : subissant avec cette ville la vassalité de Clovis, secouant le joug à la mort de ce roi, pour le subir encore et le secouer de nouveau sous les rois Mérovingiens.

Lors de l'apparition des Normands sur le littoral de la

Loire, il fut des premiers envahi, passant ensuite tour à tour des Normands aux seigneurs et des seigneurs aux Normands, selon que le succès ou l'insuccès s'attachait aux uns ou aux autres. Ces vicissitudes si fréquentes nuisirent sans doute à son accroissement, mais la place avait pourtant déjà une certaine importance quand Renaud vint y bâtir un château.

C'est sans doute dans la crainte des invasions normandes que Guerech autorisa son fidèle vassal à se fortifier sur cette rive de la Loire, en même temps qu'Aremberge, sur la rive opposée, et un peu plus haut, bâtissait, dans le même but apparemment, le château d'Ancenis.

Le mamelon sur lequel étaient assises la ville et la forteresse de Châteauceaux forme un cône tronqué dont le sommet a trente et quelques hectares de superficie. En avant, vers l'est, c'était la ville comprenant environ la moitié du cône. Elle était entourée de remparts et ouverte par une porte flanquée de deux tours. A des distances inégales, au nord et au midi, s'élevaient plusieurs autres tours destinées sans doute à défendre les points les plus accessibles.

Les murs d'enceinte, d'une très-grande épaisseur, sont remarquables par leur solidité et par la dureté de la chaux ou ciment qui lie les pierres. En plusieurs endroits, dans la partie la plus voisine du sol, on a employé l'appareil en épi (*opus spicatum*). Les galets ont remplacé les briques, et sont disposés en forme d'épis ou d'arêtes de poisson; ce qui laisse supposer que la partie supérieure, dont l'appareil est irrégulier (*opus*

BIBLIOTHÈQUE ... IMPR.

insertum), aurait été soudée à des constructions plus anciennes.

Deux églises ou chapelles existaient dans l'enceinte de la ville, l'une sous le vocable de Saint-Pierre, l'autre sous le vocable de Saint-Jean. La première est entièrement détruite depuis longtemps; la seconde, après avoir subi diverses modifications, a été en grande partie démolie à l'époque de la Révolution. Nous reviendrons sur ces deux monuments.

A l'ouest, sur la seconde moitié du cône, s'élevait la citadelle. On en distingue encore plusieurs des parties principales et caractéristiques.

Entre la ville et le château on remarque un double rang de fossés, séparés du nord au sud par une sorte de rempart en terre ou chaussée d'une largeur de 5 à 6 mètres au sommet : c'étaient les travaux de défense avancés, destinés à protéger les reconnaissances et les sorties de la garnison. Un souterrain dont l'entrée est très-bien conservée et qui a son ouverture sur la cour du château se dirige en effet du côté de cette chaussée.

A 100 mètres de là environ, vers l'ouest, se trouve le fossé de la citadelle. Il est creusé, comme les deux premiers, dans la terre, sans revêtement du côté de la ville. Du côté opposé, il en reste quelques débris de peu d'étendue.

Les tours, les unes rondes, les autres carrées, sont partout reconnaissables. L'une d'elles rectangulaire, située à l'angle nord et ouest de la citadelle, a conservé dans la tradition populaire le nom de *Tour du Diable*.

Ce serait dans cette tour que Marguerite aurait renfermé le duc de Bretagne.

Des créneaux, des machicoulis il ne reste pas trace ; mais on peut sans peine déterminer la place du donjon ; la base est encore entière. Elle est connue dans le pays sous le nom de *Pierre Loriette ou Gloriette*.

Du sommet de cet amas de pierres le spectateur voit se dérouler devant lui le plus beau, le plus varié des panoramas. A l'ouest la Loire et ses îles verdoyantes, les châteaux de la Varenne et de Clermont, plus loin Nantes ; au nord Oudon, sa remarquable tour et ses coteaux couverts de vignes ; à l'est Ancenis, Saint-Herblon, Varades, et au midi les riches collines du pays vendéen.

Enfin dans la cour intérieure on retrouve les dépendances du château ; elles étaient, selon l'usage, adossées aux murs d'enceinte.

Le chapelle Saint-Pierre, qui a entièrement disparu, était bâtie dans l'enceinte des murs ; mais en quel endroit ? il serait difficile de le préciser. On sait seulement qu'elle n'était pas loin du Prieuré (1), dont le temps et les guerres civiles, nous ont laissé de belles ruines. L'acte de fondation de Saint-Jean porte que *Godefroy Crespin*, donateur, *établit les moines de Mar-*

(1) Le Prieuré était attenant à l'église Saint-Jean ; des pans de murs bien conservés, une cage d'escalier presque intacte, des appuis de cheminée en pierre de granit sont encore aujourd'hui des témoins irrécusables.

moutiers près de la chapelle Saint-Pierre qui leur appartenait. Ego Gaufridus Crispini... posui... monachos majoris monasterii juxtà capellam Sancti-Petri quœ ipsorum erat. Cette charte est de la fin du XIIe siècle. La chapelle Saint-Pierre était évidemment antérieure, peut-être du IXe ou Xe siècle.

L'église Saint-Jean, dont nous pouvons aujourd'hui étudier les ruines, ne remonte pas au-delà du XVe siècle. Mais, au même endroit, sous le même vocable, il y en avait une dès le commencement du VIIe siècle. Voici comment s'exprime M. Deric, après avoir raconté les éclatants succès de la prédication de saint Méen à Châteauceaux.

« Une vierge consacrée au Seigneur, mais qui, » comme beaucoup d'autres de ce temps, vivait en » retraite dans sa propre maison, assura la conversion » de ce peuple. Elle fit présent au saint abbé (saint » Méen) de quelques terres dans le lieu même où il édi- » fia un monastère (1). Les premiers religieux qu'il y » plaça furent tirés de la communauté de Saint-Jean- » de-Gaël. Cette nouvelle colonie, en travaillant à son » propre salut, confirma par ses instructions les néo- » phytes de leur saint abbé, et leur montra surtout par » son exemple quelle est la voie qui conduit au ciel.

(1) « La légende de saint Méen appelle ce monastère *Monopa-* » *lium* : ce terme est formé de *mon*, *montagne* ; d'*o*, *proche* ; » de *pal*, *bord* et d'*i*, *rivière* ; ce qui veut dire *montagne auprès* » *d'une rivière.* » M. Deric, comme nous avons vu, donne le même sens étymologique au mot Chantoceaux.

» Cette maison fut soumise à saint Méen, tandis qu'il » vécut, de même que la première. »

Cette chapelle, fort restreinte, subsista sans doute jusqu'au XIIe siècle; mais à cette époque, les moines de Marmoutiers, ainsi qu'il résulte de l'acte de fondation que nous venons de citer, en firent élever une sur un plan plus vaste et dans le style de l'époque. Elle fut détruite probablement lors du siége de Châteauceaux en 1420. Lorsque le calme fut rétabli dans cette pauvre cité, on construisit celle dont nous voyons les ruines; la foudre en détruisit une partie vers le commencement du XVIIIe siècle; en 1793 le vandalisme révolutionnaire se chargea de détruire le reste.

Si, quittant les monuments de l'intérieur des murs, nous passons à ceux du dehors, le premier qui frappe la vue est la petite chapelle du cimetière, sous le vocable de Saint-Pierre-ès-Liens (1).

Elle est tellement en ruine qu'il serait difficile de préciser l'époque de sa construction.

Elle est ouverte à l'ouest et à l'est. L'arc surbaissé de la porte de l'ouest, et des moulures encore apparentes annoncent un monument du XVIe siècle. Il a 5 mètres 75 de longueur, sur 4 mètres de largeur; son chevet est rectangulaire. Trois fenêtres plein cintre l'éclai-

(1) Nous ne parlons pas de la chapelle Saint-Nicolas du bénéfice de la Défunerie : il n'en reste pas vestige; et nous ignorons quand et comment elle a été détruite. Elle était située au sud de la Gendarmerie actuelle. Ce canton est encore connu sous le nom de *la Défunerie*.

raient, l'une dans le pignon oriental, les deux autres dans les murs de côté. Ces murs ont à peine 4 mètres d'élévation, tandis que les pignons ont plus du double.

Autrefois on enterrait dans cette chapelle, ainsi que le constatent les registres de décès. C'était peut-être une chapelle sépulcrale appartenant à quelque famille importante du pays (1).

A peu de distance de cette chapelle, vers l'est, s'élève gracieuse l'église paroissiale, Sainte-Magdeleine. Depuis soixante-dix ans, elle a subi trois transformations, sous le même vocable.

Le monument qui existait avant la Révolution était, au rapport des anciens habitants que nous avons interrogés, d'un style remarquable, XVe ou XVIe siècle; une croix latine terminée par une abside rectangulaire. Il fut incendié en 1794. Quelques murs cependant étaient restés debout; ils servirent, avec une grange contiguë, à la célébration du culte depuis le Concordat jusqu'en 1818. En cette année, on bâtit, dans le goût religieux de l'époque, une sorte de temple grec, éclairé par de larges fenêtres, ouvertes à 3 mètres au plus au-dessus du sol. C'était aussi une croix latine. Elle mesurait 36 mètres de longueur sur 10 de largeur. Les chapelles avaient 5 mètres d'ouverture, 3 mètres 50 centimètres de profondeur; le clocher était une lanterne évasée.

(1) Le 17 février 1740 le corps de dame Marguerite Moricaud, épouse du feu *Equier* Pierre Guy sieur de Maletiers, y fut inhumé. Elle était décédée à la *Rivière*, à l'âge de 70 ans.

Rien dans cet édifice, excepté la forme de croix, n'avait le caractère chrétien.

Il y avait à peine 40 ans que cette église était construite, quand, un jour, un pieux gentilhomme, riche propriétaire dans la commune, offrit une somme de 20,000 francs, pour l'agrandissement de cette église devenue trop petite. M. le curé accepta avec bonheur cette offre généreuse, et, dépassant les premières intentions du donateur, il commença, sur les plans de M. Liberge, architecte à Nantes, une nouvelle église, dans le style du XIIIe au XIVe siècle. Il ne bâtit d'abord que l'abside, les absidioles et le transept, et souda cette construction à l'ancienne. Mais deux ans n'étaient pas écoulés, qu'enhardie par le succès, la fabrique, à l'aide d'un secours du gouvernement, d'une modique allocation de la commune et d'un emprunt qu'elle contracta, acheva, pleine de confiance, surtout dans la Providence, l'œuvre si bien commencée.

Ce remarquable édifice de 45 mètres de longueur sur 10 mètres de largeur, est aussi une croix latine, terminée à son chevet par une abside à pans coupés, flanquée de deux absidioles du même genre.

La clef de la voûte en coupole a 20 mètres 33 centimètres d'élévation au-dessus du dallage; les trois voûtes d'arrête 16 mètres, celle du chœur 15, et celles des absidioles 10.

Deux arcades, de 9 mètres d'élévation, donnent accès dans les absidioles qui ont chacune 5 mètres de largeur.

Vingt fenêtres éclairent cet édifice : trois sont à deux baies avec rose à 8 feuilles, une dans la façade et deux dans le transept. Les autres sont des lancettes : les géminées et les simples ont la même élévation, 6 mètres 80 centimètres. Les lancettes des absidioles n'ont que 3 mètres 50 centimètres. Le clocher, tel qu'il existe aujourd'hui, c'est-à-dire sans la flèche qui reste à faire, a 28 mètres 75 centimètres d'élévation.

Cette église d'un gothique pur est une des plus élégantes des environs. Il est regrettable qu'elle n'ait pas reçu de prime-abord son complément nécessaire, la flèche.

Nous n'avons rien à dire du presbytère, construction moderne sans caractère digne de remarque. Il fut bâti de 1760 à 1770 par les cotisations du curé et des habitants. Comme il n'avait pas été vendu, pendant la Révolution, il put être rendu, lors du Concordat ; mais à qui le fut-il, à la commuue ou à la fabrique ? Nous l'iguorons.

Enfin à deux ou trois cents mètres de l'église paroissiale, vers l'est, apparaissent les belles ruines de la chapelle Saint-Lazare ou Saint-Ladre.

Une charte tirée du cartulaire de Marmoutiers porte que *l'abbé Godefroy permit à un certain habitant de Châteauceaux, nommé Perdriel, de construire une chapelle près de la maison des Lépreux, et cela sur la demande de son très-cher ami et bienfaiteur Godefroy Crespin, seigneur de Châteauceaux* (1).

(1) *Gaufredus abbas concedit cuidam homini de Castro Celso, Perdriello nomine, ut ad domum Leprosorum ejusdem castelli capellam construat..... idque ad petitionem karissimi amici et benefactoris sui Gaufredi Crispini, Castri Celsi domini, etc.....*

Si ce Godefroy Crespin est le même dont nous parlerons plus tard, ce serait vers le milieu du XIe siècle que cette chapelle aurait été bâtie. Cependant l'intérieur accuse une autre époque.

Toutes les baies sont plein cintre. Une seule fenêtre est restée entière. Elle est savamment exécutée en pierres de moyen appareil et évasée à l'intérieur. Elle à 1 mètre 90 centimètres de hauteur sur 40 centimètres de largeur.

Au-dessus de la porte, qui est aussi plein cintre, il existe un œil de bœuf, en pierres de moyen appareil régulier, d'environ 1 mètre 50 centimètres de diamètre.

L'intérieur, qui est fort simple, n'a pas le même caractère; il rappelle une autre époque. L'abside est décorée d'une arcature à moulures peu nombreuses. Cette arcature comprend sept arcades : trois au chevet, deux de chaque côté. Trois de ces arcades sont circonscrites aux fenêtres qui éclairent cette abside. Trois voûtes ogives en arêtes recouvraient tout le vaisseau. Les retombées de ces voûtes sont reçues sur de petites colonnes de 2 mètres 20 centimètres de hauteur dont il ne reste aujourd'hui que quelques chapiteaux historiés très-endommagés et une base parfaitement conservée. Ces colonnettes, rapportées lors de la construction des voûtes et ne tenant point aux murs, reposent sur un bandeau qui règne tout autour de la chapelle, à 2 mètres 50 centimètres environ au-dessus du sol. Ce bandeau doit dater de la construction des murs.

Ainsi, cet édifice porte deux caractères distincts d'architecture : l'intérieur appartient incontestablement au XIIIe siècle ; l'extérieur est plus ancien. Comment concilier le style avec la charte que nous avons citée ? Nous laissons ce soin à de plus savants que nous.

La maison des Lépreux a entièrement disparu. Mais nous nous rappelons qu'il y a une quarantaine d'années, lorsqu'on plantait de la vigne à l'est de la chapelle, on rencontrait de vieilles fondations. C'étaient probablement les restes de la maladrerie. Nous n'avons rien trouvé qui indiquât la date de la disparition de cet hôpital ; mais tout porte à croire que c'est en 1669, lorsque, par suite de la déclaration de 1612, le roi, pour remédier à une foule d'abus, ordonna la suppression d'un très-grand nombre de léproseries, parce que, à cette époque, la maladie de la lèpre avait presque disparu partout en France.

La chapelle Saint-Lazare est-elle tombée en même temps que l'hôpital ? Nous ne pouvons l'affirmer, mais nous le croyons. La croix dite de Saint-Lazare aurait été élevée en souvenir de la chapelle qui n'était plus livrée au culte. Cette croix a toujours été depuis sa fondation en grande vénération dans le pays ; on y venait de très-loin en pèlerinage. Chaque année, à la Fête-Dieu, le clergé de la paroisse s'y rendait en procession. Ce fait est constaté par un acte de dernière volonté de M. Jean Dugué, en date du 29 février 1712, dont voici un extrait :

« J'ai, soubsigné Jean Dugué, notaire, demeurant
» à la Morillère, paroisse de Chantoceaux, déclare
» que depuis plusieurs années, j'ay esté inspiré nom-

» bre de fois qu'il fust bâty un reposoir pour le très-
» saint-sacrement de l'autel pour le recevoir lors de la
» procession du Sacre qui se fait chacun an de l'église pa-
» roissiale dudit Chantoceaux à Saint-Lazare, et désirant
» que cet œuvre soit accomply pour la gloire de Dieu, j'ay
» fait vœu soubz le bon plaisir de M. le curé dudit Chan-
» toceaux, de M. le sénéchal, de M. le procureur,
» de M. de Taudeberdière, de M. Michel Toublanc,
» de M. Jean Lenormant et des autres habitants de
» ladite parroisse, que cet œuvre soit accomply et pour
» ce subjet j'en ai marchandé l'édifice..... qui sera bâty
» au coin de ma vigne, proche la croix dudit Saint-
» Lazare et sera la muraille du côté du midi bâtie dans
» la haie de madite vigne au lieu que j'indiquerai. »

Avant d'avoir pu exécuter les travaux, l'entrepreneur vint à mourir. M. Dugué, ne pouvant *accomplir son œuvre*, légua aux pauvres de la paroisse la somme qu'il avait destinée à cette construction.

La croix, monolithe d'ardoise, resta à sa place jusqu'au jour où la guerre civile entraîna l'incendie de Châteauceaux, et où disparut tout signe religieux. Elle ne fut relevée que sous la Restauration. Mais les deux bras avaient été brisés. Le prince de Condé, alors propriétaire de la forêt du Parc, donna un arbre duquel on fit la croix actuelle. Elle fut portée un peu plus loin, vers l'ouest, sur un terrain donné par l'un des successeur de M. Dugué, M. Erondelle, qui se faisait ainsi le continuateur de l'œuvre projetée par un membre de sa famille. Depuis plusieurs années, cette croix a perdu de sa vénération ; le clergé ne s'y rend plus en procession à la Fête-Dieu, ne s'y arrête plus aux processions de Saint-Marc et des Rogations ; elle tombe en ruines.

Maintenant que nous avons passé en revue les monuments de Châteauceaux, occupons-nous des seigneurs qui l'ont gouverné.

De 990 à 1034 l'histoire ne dit plus rien des faits et gestes de Renaud-Turingus. Apparemment qu'il fut uniquement occupé de l'édification de ses murs de ville et de sa forteresse. On ne sait s'il fut marié, s'il eut des enfants. Toutefois, vers 1050, on parle d'un chevalier, *miles*, nommé Geoffroi (1), seigneur de Châteauceaux, qui donne aux moines de Marmoutiers, en l'honneur de Jean-Baptiste, les biens provenant de la succession de son père et de sa mère, savoir : les constructions et l'église de *Fiaço* (sans doute le filet) ; la dixme qui en dépend ; la coutume (la redevance) qu'il lève sur les bateaux montant et descendant la Loire, enfin les vignes et les terres cultivées et incultes qu'il possède entre les murs. Geoffroi-Martel signa comme témoin cette donation.

Ce chevalier Geoffroi, qui fut sans doute un fils de Renaud, ne vécut pas longtemps. Blessé mortellement à la tête, au siége d'Amboise, il se fit transporter à l'abbaye de Marmoutiers, demanda à être revêtu de l'habit monacal, et, dans ce costume, symbole d'humilité et d'ab-

(1) M. de Cornulier cite en 1038 un Geoffroi Crespin : serait-ce celui avec l'autorisation duquel fut construite la chapelle Saint-Lazare ? Nous ne le pensons pas ; le style de cette construction ne peut être rapporté à cette date.

négation, il mourut en paix, vers 1064, probablement sans enfants, car c'est son frère Odric ou Orri qui lui succéda. Ce seigneur n'a laissé dans l'histoire d'autre trace que son nom ; si ce n'est pourtant qu'il est parlé de plusieurs donations qu'il fit aux moines de Marmoutiers, alors sous la conduite de l'abbé Albert. Dans un premier acte, afin d'obtenir le repos de l'âme de son père, de sa mère et de ses frères, il donne la Tranchaie (*Truncata*), la moitié de la terre de Landemont, le canonicat du château, le tiers d'un droit de pêcherie, la dixme du passage du port au-dessous du château (*transvectio*), le droit de parage (1) sur toutes les écluses de la châtellenie, enfin un arpent et un quartier de vigne à la Varenne (*in villà Varennis*). Cette donation, faite du consentement de son frère Guiescelinus (*Gasselin*), fut, comme la précédente, signée par Geoffroi-Martel, comte d'Anjou. Peu de temps après, par un second acte, il donnait aux mêmes moines établis dans la chapelle Saint-Jean, toutes les coutumes qu'il levait sur le marché, le jour de la Nativité de saint Jean-Baptiste, savoir : un droit de vente sur tous les objets vendus, et le droit de justice sur tous les forfaits commis audit marché.

Marmoutiers était alors dans l'état le plus florissant ; on comptait un si grand nombre de moines sous la houlette abbatiale d'Albert que les abbés des autres monas-

(1) En termes de coutume on possédait par parage, quand, un fief étant partagé entre frères, les puînés tenaient leur part de l'aîné, sans hommage.

tères l'appelaient *l'Abbé des abbés.* De toutes parts les riches et les seigneurs les plus puissants venaient lui offrir leurs biens et leur appui. Quelques-uns, irréprochables dans leur vie, le faisaient par amour du bien; d'autres, effrayés de leurs désordres, agissaient par crainte des jugements de Dieu, et en expiation de leurs fautes qui étaient souvent des crimes. Quel qu'ait été le motif de ces donations, il est digne de notre admiration et de notre respect, c'est un témoignage de la foi vive de ces temps-là. Il est impossible de ne pas reconnaître que si le catholicisme n'avait pas dès lors complètement détruit la barbarie, il l'avait du moins considérablement atténuée, et que toujours il sut réparer, autant qu'il le pouvait, les maux qu'elle avait faits.

Ce fut donc sous l'influence de ces idées de foi que Roger, seigneur de Bréheri, vassal d'Orry, ayant, vers le même temps, obtenu, sur sa demande, du puissant abbé Albert, le bénéfice des prières de son abbaye, donna en récompense, à Marmoutiers, du consentement de son suzerain, sa terre de Bréheri, pour que la communauté en jouît à perpétuité et en pleine propriété. Ce domaine était d'une grande étendue : il comprenait bois, plaines, terres cultivées et incultes, depuis le ruisseau de Bréheri jusqu'à la Vulpillière (*Vulpilleria*) ou Renardière et jusqu'au chemin de Montfaucon (1).

(1) Cette indication du chemin de Montfaucon porte à croire que, dès cette époque, le seigneur de Châteauceaux était aussi seigneur de Montfaucon, car, en dehors de la seigneurie, il n'y avait entre les deux localités, aucun rapport ni de voisinage, ni d'intérêts matériels.

A cette terre Roger ajouta le moulin de Divela (la Divate).

A peu de temps de là, Orry, qui avait été, on ne sait pourquoi, dépouillé de sa châtellenie, par Geoffroi, comte d'Anjou, mourut, sans la consolation de voir lui succéder un des trois fils qu'il avait eus de sa femme Barzelonie. Ce domaine ne rentra que plusieurs années après sa mort à Thibault de Jarzé, qui sans doute avait épousé l'une de ses filles.

Geoffroi, en mettant le siége devant Châteauceaux, fit beaucoup de mal à cette cité : c'est en la défendant que moururent probablement les trois fils d'Orry. Mais le comte d'Anjou y perdit aussi lui beaucoup de monde, plusieurs seigneurs, entre autres celui d'Oudon (1).

Thibault rentré en possession de Châteauceaux, n'en jouit que peu de temps, car à la fin du XIe siècle, vers 1085, c'était son fils Geoffroi de Jarzé qui tenait cette seigneurie.

Il marqua son règne en réglant un différend soulevé contre Marmoutiers par le fils de Roger de Bréhori; ce jeune vassal, nommé Geoffroi, disputait aux moines une grande partie de la donation que son père leur avait faite, et voulait leur enlever le chemin qui, traversant sa terre, conduisait au moulin.

(1) Gauffridus de Uldone in exercitu Comitis andegavensis apud Castrum Celsum graviter vulneratus, et ad extrema perductus in domum monachorum de Uldone se portari fecit, ibique habitum monachi devotè petiit.... his ita compositis, hominem exiens, naturœ debitum solvit... (Dom Mor. *Pr.* 580).

Un jour donc le jeune seigneur de Bréheri se trouva en compagnie de la plupart des autres vassaux, avec son suzerain Geoffroi de Jarzé. Celui-ci, qui avait été élevé à l'école du malheur, rappela à son jeune vassal les engagements sacrés pris par son père, et l'invita à renoncer, par respect pour sa mémoire, à ses prétentions sur le chemin du moulin. Le fils de Roger se rendit à ces sages observations et donna même à Marmoutiers la maison du meunier et un pré contigu, en recevant des moines, pour en jouir viagèrement, la moitié dudit moulin.

A Geoffroi de Jarzé succéda Tristan, son fils ou son frère. On ne sait rien de ce seigneur, si ce n'est qu'il eut un gendre nommé Blandin et un fils dont le nom est resté inconnu. Serait-ce Thébaud de Châteauceaux que M. de Cornulier fait régner vers 1105? Ou bien ce Péan de Montrevault, seigneur de Châteauceaux, qui, en 1118 (1), fut appelé à juger un procès entre les moines de Liré et *un certain laïc*. La cause demandait une audition de témoins qui devaient déposer sous la foi du serment. Péan refusa de recevoir le serment des clercs, et les renvoya devant l'évêque, lequel décida que les prêtres déposeraient simplement sur les faits articulés,

(1) Dans le même temps, 1118, une dame de Châteauceaux, nommée Garmache, épousa Geoffroi de Briollay. C'est ce mariage qui a fait dire à M. de Miroménil que la baronie de Châteauceaux avait été possédée pendant quelque temps par la famille de Briollay ; ou bien, ce qui est plus probable encore, M. de Miroménil a confondu *Chantocé* et *Chantoceaux*. Les seigneurs de Briollay étaient seigneurs de Chantocé.

que les diacres jureraient sur l'Evangile et les laïcs sur le Psautier.

Ce Péan eut pour successeur Amaury Crespin qui devint seigneur de Châteauceaux et de Montfaucon par son mariage avec Warmatie, ou Garmatie, arrière-petite-fille d'Orry (1).

Les deux époux firent à Marmoutiers divers dons que leur fils Thebaud Crespin confirma.

Probablement ce Thebaud ne vécut pas longtemps et laissa un fils du nom d'Amaury que nous voyons figurer dans les actes suivants :

Un archidiacre de l'église de Nantes, Norman, possédait à titre héréditaire, mais contrairement aux canons et aux prescriptions ecclésiastiques, les revenus des églises de Châteauceaux. L'archevêque de Tours, Hugon, et Itérius, évêque de Nantes, adressèrent des remontrances à Norman qui se soumit et renonça librement à la jouissance de ces revenus. L'archevêque en fit aussitôt donation à Marmoutiers, ainsi qu'il résulte d'un acte passé à Angers le V des calendes de décembre 1144 (1).

Engelbault, ayant succédé à Hugon, ratifia cette donation, et notification en fut faite à Amaury et à Thébaud Crespin.

Plus tard un chevalier nommé Philippe, fils de Barbotin, neveu de Norman, revendiqua à Marmoutiers les revenus de l'église de Châteauceaux que son oncle avait abandonnés. Mais bientôt il renonça à ses prétentions, ainsi qu'il résulte d'un acte (1) sans date. Les

(1) Dom Morice, *Preuves*, 540, 590, 591, 659.

témoins de cet abandon furent entre autres, Amaury, seigneur, et Thebaud son fils.

Ainsi en 1145 ou 1146 c'était un Amaury qui était seigneur de Châteauceaux. Il avait un fils, Thebaud; lui succéda-t-il? Rien ne l'indique. Toujours est-il que vers 1185 nous voyons figurer Robert Crespin qui n'eut pas d'enfants de sa femme Garcie. Sa suzeraineté passa à son neveu Geoffroi, qui, pour inaugurer sa prise de possession, fit à l'abbaye de Marmoutiers une donation, à laquelle, trois ou quatre ans plus tard, il ajouta des terrains pour accroître ou construire les bâtiments du Prieuré, une métairie, une pêcherie, des droits d'usage dans son bois, etc, etc, etc. En même temps il confirma un grand nombre de donations faites antérieurement par ses vassaux. Dans cet acte sont nommés presque tous les membres de sa famille : sa mère Giberge, son frère Simon, déjà mort, sa femme Marguerite, ses trois fils, Simon, Robert et Thebaud. Ce dernier qui était l'aîné succéda à son père dans les dernières années du XIIe siècle. Nous aurons tout à l'heure l'occasion de raconter son histoire (1).

Nous n'avons guère eu jusqu'ici qu'à enregistrer les noms de ceux qui se sont succédé dans la seigneurie de Châteauceaux, il eut été mieux sans doute de parler du pays même, d'en montrer la physionomie. Mais, à cette époque le pays c'était le seigneur, sa volonté était celle de tous; heureux quand elle était dirigée vers le bien! Puis une cité, quelque importante qu'elle fût,

(1) Note donnée par M. Campardon.

n'avait pas, ne pouvait pas avoir d'autres pensées, d'autres vues que celles du chef-lieu de la province à laquelle elle appartenait.

Quand, en 1156, les Nantais, auxquels était soumis Châteauceaux, expulsèrent Noël qu'ils jugeaient incapable de faire tête à Conan, et qu'ils se donnèrent à Geoffroi V, Plantagenet, nul doute que les habitants et le seigneur de Châteauceaux furent donnés avec Nantes au comte d'Anjou ; et quand, en 1158, le Plantagenet étant mort, Conan s'empara de Nantes et le céda lâchement, peu de temps après à Henri II, roi d'Angleterre, nul doute encore que Châteauceaux et son seigneur passèrent de Conan au roi Henri et qu'ils furent, comme Nantes, *objet de la vente.*

Toutefois rien dans l'histoire ne précise le rôle qu'ont joué les seigneurs de Châteauceaux dans les démêlés qui ont si longtemps agité la Bretagne. Peut-être vivaient-ils paisibles dans leur manoir ne s'occupant que d'œuvres pies. Toutefois en 1224 il en était bien autrement : suivons Dom Morice.

« Depuis 25 ans, Thebaud Crespin se conduisait en
» pirate et en brigand, plutôt qu'en homme d'honneur
» et de naissance. Il pillait toutes les terres de ses voi-
» sins et rançonnait tous les bateaux qui passaient sur
» la Loire.

» Pierre Mauclerc, avant d'aller joindre le roi de
» France qui faisait la guerre au roi d'Angleterre,
» avait formé le siége de Châteauceaux, mais Thébaud
» Crespin ayant fait une vigoureuse résistance, le duc
» fut contraint de changer le siége en blocus, afin de ne

» pas manquer à la parole qu'il avait donnée au roi.
» Le siége de la Rochelle étant heureusement terminé et les Anglais étant repassés en Angleterre, » Pierre Mauclerc revint à Châteauceaux, et pressa » si vivement la place qu'il l'emporta le 21 de septembre. Cette victoire rendit la paix à tout le pays » et la liberté du commerce à tous les marchands de » la Loire.

» Un mois après, le duc obtint du roi Louis les » seigneuries de Châteauceaux et de Montfaucon, à la » charge d'en faire hommage-lige au roi de France, et » de gouverner les vassaux de ces deux terres suivant » les usages du pays d'Anjou » (1).

Mais Pierre Mauclerc, d'une mauvaise foi insigne, cherchait, dit Claude Ménard, *toutes les occasions de retailler nouvelles affaires à nos roys*. Il tramait la révolte aussi facilement qu'il demandait pardon. A la mort de Louis VIII (1226) il redoubla d'intrigues, mais le jeune Louis IX, avec l'aide et le conseil de sa mère, sut toujours déjouer ses perfides hostilités.

(1) M. Lemarchand, bibliothécaire à Angers, dans un savant travail publié dans la *Revue de l'Anjou*, 1853, p. 19, dit que la forteresse de Châteauceaux avait été prise en 1173 par Maurice de Craon, pour Henri II, roi d'Angleterre, mais que Thibaud Crespin s'en était rendu maître à la faveur des troubles civils qui avaient éclaté en France. Nous n'avons rien trouvé qui confirmât ce fait. Dom Morice dit seulement que Henri mit tout à feu et à sang en Anjou, et qu'il prit Ancenis. Mais il ne dit rien de Châteauceaux.

Au 30 mai 1230, saint Louis qui déjà lui avait plusieurs fois pardonné ses félonies, le déclara déchu de tout ce qui lui avait été cédé en Anjou.

Il marche contre lui en Bretagne, s'arrête devant Clisson, mais les Anglais que soutenait Pierre Mauclerc, ne faisant aucun mouvement, le roi se porte aussitôt sur Ancenis dont il s'empare; puis secondé par tous les seigneurs Bretons, il court assiéger Oudon mal défendu par une garnison anglaise. L'armée était commandée par le connétable de Montmorency, qui, maître de cette place, passe aussitôt la Loire et attaque Châteauceaux. Mauclerc, prévoyant le coup qui devait le frapper avait eu soin de se fortifier dans son château. Sans tenir compte des obstacles, la reine-mère, forte de la justice de sa cause et des succès obtenus, ordonne l'assaut; *mais ceux du dedens qui orent paor de l'ost le Roi que il virent si grand et si efforciement contre eux, si essirent d'ou chatel et apportèrent les clefs au Roy et se rendirent à sa volonté. Quant li roy vit ce, si les reçut benignement et leur pardonna quanque i li avaient meffait. Il fit garnir le châtel de sa gent, et grant pièce le tint puis en sa main et en sa garde.* (Guillaume de Nangis.)

Le méchant duc, forcé de se soumettre, affecta de paraître repentant. Le roi qui *douz et debonnaire estait,* lui pardonna encore. Mauclerc avait expulsé les moines; il s'engagea à reconstruire dans un lieu convenable et leur église et leur habitation et promit de les indemniser. Pour rendre plus faciles ses projets de réparation, il fait des échanges avec les moines. Ils lui donnent tout ce qu'ils possèdent entre les murs sarrasins (1) ou sarrasinois et la porte dite des Bourgeois. Ils exceptent la maison des pauvres de Saint-Jean (*exceptis mendiciis Sancti-Joannis*)..... l'emplacement destiné à bâtir le monastère et les cellules. Ils donnent encore tout ce qu'ils avaient dans la métairie de la Gautandière, en terre, bois et autres, ainsi que la dépendance de la chapelle Perdriel, près du Parc (2).

En contre échange le duc donne aux moines 18 livres

(1) On appelait murs sarrasinois ceux qui étaient construits à la manière des Sarrasins, c'est-à-dire faits avec un ciment indissoluble, et qui étaient *si estranges que ce n'est point de comparaison à ceux de maintenant.* (*Dict.* de Ménage.)

(2) La chapelle Perdriel devrait être, suivant la charte que nous avons citée (page 24), la chapelle Saint-Lazare. Mais elle n'est pas située auprès du Parc.

En présence de ces deux textes, il n'est possible de les faire concorder qu'en admettant l'une des trois hypothèses suivantes :

Ou Perdriel aurait bâti une autre chapelle près du Parc, et c'est alors de celle-ci qu'il s'agirait maintenant (*).

Ou bien le Parc s'étendait à cette date jusque là où est assis le bourg aujourd'hui et alors les deux textes n'auraient rien de contraire.

Ou enfin cette phrase : *suscepit terram similiter capellariæ Perdriel quæ est juxtà Parcum* signifie que la chapelle avait des dépendances auprès du Parc ; le *quæ* se rapporte à *terram* et non à *capellariæ*. L'intelligence du lecteur tranchera la question.

(*) On allait mettre cette feuille sous presse quand nous avons appris qu'il existe à l'une des extrémités du Parc un lieu appelé *Etang-du-Couvent*, près duquel on distingue des ruines qui pourraient bien être celles de la chapelle dont parle notre texte.

de revenus sur les chalands passant sur la Loire, et la charge de quatre ânes en bois mort à prendre par jour dans le Parc.

Par suite de ces arrangements le duc devenait maître absolu de tout ce qui est compris entre les murs sarrasinois.

Mais des dispositions si pacifiques ne pouvaient durer longtemps dans le cœur de Mauclerc. Bientôt il recommence la guerre, il attaque les seigneurs qui avaient fait hommage au roi. Saint Louis indigné lève une armée formidable et vient assiéger une des places fortes du duc — quelques historiens disent Châteauceaux. — Pressé vigoureusement jusque dans le cœur de la Bretagne, Mauclerc implore une trêve; le roi la lui accorde. Peu après, Mauclerc, la corde au cou, vient demander pardon de sa félonie. Un traité (1234) fut conclu; il se soumit sans réserve à tout ce que le roi et la reine-mère exigèrent de lui. Il livra pour trois ans Châteauceaux ainsi que deux autres places, et renonça à tout ce qui lui avait été donné en Anjou.

Depuis lors, Pierre Mauclerc resta fidèle au roi. Il fit reconnaître duc de Bretagne, son fils Jean II, dit le Roux, qui venait d'atteindre sa majorité (1237), puis il se croisa et mourut en mer, à la fin de mai 1253, en revenant de Damiette.

Jean le Roux fit d'abord comme son père; il se montra hostile aux évêques, mais bientôt il s'attacha à l'Eglise et obtint de saint Louis la confirmation du don fait à Mauclerc par le roi Louis VIII, des châtellenies de Châteauceaux et de Montfaucon. Ce fut Geoffroi des Roches, sénéchal (1) héréditaire d'Anjou qui donna la sanction à cette donation.

Jusqu'en 1341 les ducs de Bretagne restèrent paisibles possesseurs de ces deux châtellenies. Nous voyons, en 1272, Eudes de Karderian, chevalier ou écuyer châtelain (*miles castellanus*), chargé de la garde de Châteauceaux pour son seigneur suzerain.

La vicomtesse Marie de Limoges, qu'avait épousée Arthur II, duc de Bretagne, était à Châteauceaux, lorsque, le 8 mars 1286, elle accoucha de son premier-né, Jean, baptisé peu après à Saint-Florent-le-Vieux.

Cet enfant de Châteauceaux, devenu duc de Bretagne, sous le nom de Jean III, mourut en 1341, sans postérité, quoique marié trois fois. Le duché revenait donc à ses frères ou à leur postérité. Il s'agissait de savoir si Jeanne, fille de Gui, frère germain du duc décédé, laquelle avait épousé Charles de Blois, devait exclure son oncle, Jean, né du second mariage d'Arthur avec Iolande de Dreux.

(1) Les sénéchaux connaissaient de toutes causes concernant les fiefs ; des cas royaux et des causes d'appel du territoire des comtes.

Est-ce en cette qualité qu'agit Geoffroy des Roches en cette circonstance ? Ou bien, héritier des Crespins, venait-il ratifier la donation faite par Louis VIII ? Cette dernière opinion est émise par M. de Cornulier. Les des Roches en effet étaient seigneurs de Jarzé, et nous avons vu des seigneurs de ce nom figurer comme maîtres de Châteauceaux. La ligne directe des Crépins s'était peut-être éteinte, et les des Roches, dans la ligne collatérale, étaient arrivés à cette succession.

A cette époque les principes sur l'ordre de succession, sur le droit de représentation, étaient très-incertains; et la succession avait, à tous les points de vue, trop d'importance pour qu'il ne surgît pas de grandes difficultés.

Jean de Montfort, à la mort de son frère, se met en possession de l'héritage; il se fait reconnaître par les évêques duc de Bretagne; court à Limoges, s'y empare des trésors du duc et lève précipitamment une armée puissante avec d'autant plus de facilité qu'il paie généreusement.

Il tente alors la conquête de toute la Bretagne, commence par Châteauceaux dont la garnison fait peu de résistance. Maître de la Loire, il marche ensuite sur la Bretagne occidentale. La fortune lui sourit presque partout.

Charles de Blois, moins actif, se contente d'en appeler au jugement du roi, son oncle.

Philippe VI, dont nous n'avons pas à apprécier les intentions, convoque une cour formée des pairs et des grands du royaume. Les parties comparaissent devant ces juges; ils publient de longs mémoires pour la défense de leur cause, et le 7 septembre 1341, un arrêt donné à Conflans, par le roi, *tenant son général parlement de France*, prononce que Charles, comte de Blois, sera reçu par le roi à foi et hommage du duché et pairie (1) de Bretagne, à cause de Jeanne, sa femme.

(1) En 1297, Philippe III avait nommé le duc de Bretagne pair de France, en considération des services rendus dans la guerre de Flandre, et lui avait accordé les mêmes prérogatives qu'au duc de Bourgogne.

Charles de Blois fit aussitôt hommage au roi de son duché et se prépara à la guerre. Le roi, suivant sa promesse, donne ordre au duc de Normandie d'assembler promptement une armée et de la conduire en Bretagne. Celui-ci arrivé devant Ancenis où il fait reposer ses troupes, prend connaissance des lieux, puis, passant la Loire, vient mettre le siége devant Châteauceaux. « Cette place, dit Dom Morice, était très-bien munie » de vivres et avait pour capitaines deux chevaliers » Lorrains, nommés Gilles et Valérien. Le duc y fit » donner trois assauts qui ne réussirent pas et dans » lesquels les Génois perdirent beaucoup de monde. » Pour abréger le siége, le duc fit combler les fossés » avec des fascines, afin de se faire un chemin jus» qu'au pied des murs et d'y attacher le mineur. Gilles » et Valérien, voyant le mur du bourg prêt à s'ébran» ler, sortirent imprudemment du château avec toute » la garnison pour aller au secours du bourg. Les » Génois s'approchèrent dans ce moment du château » et y montèrent avec des échelles de cordes. N'y ayant » trouvé que trois hommes ils s'en saisirent et ouvri» rent les portes au reste de l'armée. Les deux Lorrains » voyant le château perdu, se rendirent au duc de » Normandie qui les laissa aller avec la garnison, vie et » bagues sauves » (1).

(1) Froissard prétend que le duc remit Châteauceaux à Charles de Blois, mais il se trompe; les Français le gardèrent et nous verrons bientôt le roi Jean le donner en apanage à son fils Louis, comte d'Anjou.

Les Français, heureux de cette victoire, laissent une garnison dans le château, et, repassant la Loire, vont assiéger et prendre Carquefou et Nantes où s'était retiré Jean de Monfort.

A partir de la reddition de Nantes et de l'incarcération du comte de Montfort dans la tour du Louvre jusqu'à la ratification du traité de Guérande, l'histoire de Châteauceaux offre peu d'intérêt.

Durant ces 24 années, cette cité resta inactive devant l'horrible guerre civile dont la Bretagne était le théâtre. Les rois de France et d'Angleterre s'étaient faits les champions de chacun des prétendants.

L'infortune qui les avait tous frappés n'avait pas ramené la paix et la sécurité. Jean de Montfort, à peine échappé de sa prison, était mort loin de la France, en septembre 1345; Charles de Blois, après 9 ans de captivité, n'avait obtenu sa liberté qu'au poids de l'or. Les deux rois avaient épuisé leurs trésors, sacrifié 200,000 hommes et perdu leurs plus vaillants capitaines; la ruine et la désolation étaient partout : et de tout cela il n'était sorti que quelques suspensions d'armes et des traités sans résultats.

En 1360 le second fils du roi de France, Louis, épouse Marie, fille de Charles de Blois. Il avait reçu en apanage, quatre ans auparavant, les comtés d'Anjou et du Maine, la baronie de Château-du-Loir et la seigneurie de Châteauceaux.

Ce mariage semble être une provocation à de nouvelles et plus terribles hostilités. Le fils du comte de Montfort, Jean, a atteint sa majorité (1362). Il entre aussitôt en campagne, soutenu par le roi d'Angleterre et poussé par l'énergie de sa mère.

Les parties, par un traité daté d'Evran le 13 juillet 1363, essaient de la paix et de la conciliation, mais en vain. Le jeune comte livre alors la bataille d'Auray, le 29 septembre 1364. Charles de Blois meurt en combattant. Jean de Montfort, victorieux, traite définitivement de la paix à Guérande le 11 avril 1365, et rentre en possession du duché de Bretagne. Après bien des tergiversations, en 1366, le roi de France ratifia ce traité.

Le 4 février 1366, le roi, en même temps qu'il écrivit au duc d'Anjou pour le prier de rendre au duc de Bretagne, Jean IV, la châtellenie de Châteauceaux, donna à la place celle de Loudun, en Poitou.

Jean IV ne sut pas jouir longtemps de la paix qu'il avait conquise à tant de peine; sa politique n'était que perfidie. Plus anglais que français par le cœur, il se jeta dans le parti des ennemis de la France. Le roi dut recommencer la guerre en Bretagne. Comme par le passé, les trèves, les traités, les violations de trèves et de traités se succédèrent à de courts intervalles. Mais les affaires du duc allaient en empirant, il fut obligé de fuir. Le 18 décembre 1378, le roi ordonna la confiscation du duché au profit de la couronne. La comtesse de Penthièvre, qui avait conservé le titre de duchesse de Bretagne, protesta contre la confiscation, revendiquant le duché, aux termes du traité de Guérande; mais il ne fut pas tenu compte de sa réclamation.

Cet acte de violence du roi fit regretter le duc. On

se ligua pour le rappeler ; les seigneurs prirent les armes. Les français s'assemblèrent à Angers d'où ils s'avancèrent jusqu'à Châteauceaux.

Par un heureux concours de circonstances plutôt que par amour de la paix, les partis s'entendirent le 15 janvier 1381. Le 11 juin suivant, le roi, par lettres patentes, donna main-levée de la confiscation faite sur le duché. — Châteauceaux était compris, suivant le traité de paix, dans cette main-levée; mais par un traité particulier entre le duc de Bretagne et le duc d'Anjou, en date du 12 juin, Châteauceaux demeura au duc d'Anjou.

Les revers n'avaient point modifié le caractère ni l'esprit de Jean de Montfort. A peine, le 4 octobre 1384, la comtesse de Penthièvre, veuve de Charles de Blois, est-elle morte, qu'il fait saisir toutes ses terres, jusqu'à ce que, dit-il, le fils de Charles de Blois lui ait fait hommage,—condition dérisoire puisqu'il le savait encore prisonnier en Angleterre. Mais Olivier de Clisson, devenu connétable, se souvint des injures du comte de Montfort. Il travailla, sous main, au rachat du jeune captif, l'obtint, et lui promit sa fille en mariage.

Montfort s'effraie de cette alliance et médite vengeance. Bientôt il parvient, par la plus noire des perfidie, à renfermer Clisson dans une tour de son château de l'Ermine. Les seigneurs bretons, le roi lui-même intervinrent. Clisson recouvra la liberté aux conditions les plus dures. Sur ces entrefaites, Marguerite épousa Jean de Bretagne.

La paix se fit cependant, mais elle ne fut qu'apparente : les deux rivaux n'avaient pas désarmé, car pendant que Clisson s'emparait des forteresses du duc (1390), celui-ci se rendait maître de Châteauceaux, que le connétable venait d'acquérir de Marie, duchesse d'Anjou, reine de Sicile et comtesse de Provence (1). De là nouvelles difficultés et nouvelle intervention du roi. Enfin, par un traité signé à Tours, le 26 janvier 1392, Clisson fut rétabli dans ses biens.

Quelques mois s'étaient à peine écoulés que Pierre de Craon, parent de Montfort, tenta d'assassiner, dans

(1) Louis Ier, duc d'Anjou, devenu roi de Sicile comme fils adoptif de Jeanne, reine de Naples, avait épuisé ses trésors pour la consolidation de son nouveau royaume, quand il dépêcha, en Anjou, Pierre de Craon, auprès de la duchesse, sa femme, à laquelle il demandait avec instance de prompts secours en argent. Tous les seigneurs Angevins, répondant à l'appel de leur duc, remirent 100,000 ducats d'or au baron de Craon, qui, au lieu de les porter en Sicile, les dissipa en débauches. Louis mourut du chagrin de ne pouvoir soulager ses sujets dans la détresse; mais la duchesse, devenue veuve, tint à poursuivre l'œuvre de son mari, à réparer tant de désastres involontaires, et vendit, dans ce but, à réméré, le domaine de Châteauceaux au connétable de Clisson. Le rachat n'ayant pas eu lieu, Clisson devint seigneur de cette châtellenie, dans laquelle il possédait déjà de vastes domaines (*).

Clisson mourut en 1407, laissant Châteauceaux en héritage à sa fille Marguerite. C'est en cette qualité qu'elle le possédait lors du siége dont nous allons parler.

(*) Un vaste clos, dans la commune, porte encore le nom de Clisson. — Voir Dom Morice, *Preuves*, tom. I, pages 451, 1021; — tom. II, page 593.

une rue de Paris, le connétable de Clisson. L'assassin s'étant refugié en Bretagne, le duc fut soupçonné de complicité. Le roi, résolu de venger cet attentat, marcha contre la Bretagne à la tête d'une armée. Il traversait une forêt, près du Mans, quand l'apparition subite d'un homme de mauvaise mine, l'effraya au point de troubler sa raison. Cet évènement mit fin à la guerre; mais bientôt Clisson tomba en disgrâce. Montfort (1393), échappé au coup qui le menaçait, déclara la guerre au comte de Penthièvre et au connétable. Le roi et après lui le duc de Bourgogne (1394) avaient encore essayé d'une reconciliation, mais en vain. De nouvelles tentatives amenèrent pourtant un traité de paix qui fut signé à Aucfer, près de Redon, le 19 octobre 1395.

L'année suivante le duc maria son fils, Pierre de Bretagne, avec Jeanne de France, fille de Charles VI.

Montfort jouissait tranquillement de tous ses Etats, que si souvent il avait mérité de perdre, quand, dans la nuit du 1er au 2 novembre 1399, il mourut, laissant le duché à son fils Pierre, qui, depuis son mariage, avait pris le nom de Jean.

La duchesse, sa mère, venait d'épouser le roi d'Angleterre; le régent de France trouva dans ce fait un prétexte pour réclamer la tutelle du jeune duc, et, malgré l'opposition des seigneurs bretons, il l'emmena à Paris avec deux de ses frères.

A peine, en 1404, le duc ayant atteint sa majorité, fut-il déclaré majeur, qu'il fit hommage au roi.

L'histoire particulière de Bretagne pendant les premières années du duc Jean V se réduit à quelques circonstances de médiocre intérêt : toute l'attention était absorbée par les tristes affaires de France.

Il se jeta d'abord dans le parti des Armagnac puis le quitta, puis le reprit pour le quitter encore. La démence du roi, les fureurs de la reine et l'esprit de faction qui déchirait la France, servaient de prétexte à ses fréquentes conversions. Toutefois il favorisa plus habituellement le parti anglais. La veuve de Charles de Penthièvre, Marguerite de Clisson, qui n'avait jamais perdu l'espérance de rentrer en possession du duché de Bretagne, profita de la versatilité du duc et de son esprit d'hostilité aux Bourguignons, pour marier son fils, Olivier de Blois, comte de Penthièvre, avec Isabelle, l'une des filles de Jean Sans-Peur. Cette alliance porta ombrage au duc de Bretagne, il se jeta avec une armée sur les terres des Penthièvre, et leur prit plusieurs places fortes. Les seigneurs et la cour de France intervinrent. Une sentence fut prononcée. Le duc eut bien de la peine à s'y soumettre; Marguerite l'accepta au contraire avec empressement, mais avec aussi peu de sincérité que le duc.

En même temps qu'elle lui prodigue les démonstrations d'un dévouement sans borne, elle se ligue avec ses ennemis et projette avec eux les moyens de s'emparer de sa personne.

Olivier se rend à Nantes pour sceller le nouveau traité; Jean l'accueille avec cordialité et magnificence. Le fils de Marguerite jure la paix et prie instamment le duc, au nom de sa mère, de venir les voir à Châteauceaux; il lui promet plaisirs et réjouissances. Le duc accepte cette invitation, mais ses fidèles conseillers cherchent à le détourner de ce voyage. Olivier, informé de cette opposition des seigneurs, retourne auprès du duc, réitère ses instances et s'engage par serment à le conduire et ramener sain et sauf. Le duc proteste alors de la confiance la plus entière et fixe le jour du départ.

Ce fut le 12 février 1420; Jean, accompagné de son frère Richard, de plusieurs seigneurs et d'une escorte de quinze cavaliers, va coucher au Loroux-Bottereau. Le comte, sous le prétexte de mettre ordre à tout, continue sa route vers Châtcauceaux, suivi des maîtres d'hôtel du duc et des gens de service chargés de la vaisselle d'or et d'argent. « Le lendemain il revint » joindre le duc pour avoir l'honneur, disait-il, de » l'accompagner jusqu'au château. Avant que d'y arri- » ver, il fallait passer par le pont de la Troubarde » (pont Trubert) qui est sur une petite rivière appelée » la Divette (la Divatte). Ce pont consistait dans quel- » ques poutres couvertes de planches que le comte » avait eu la précaution de faire déclouer. Lorsque le » duc fut sur le point d'arriver à ce pont, le comte et » quelques-uns des siens prirent le devant, descendi- » rent de cheval au bout du pont et le passèrent à pied, » sous prétexte qu'il était en mauvais état. Le duc et » son frère Richard se conduisirent de la même ma- » nière. Comme ils remontaient à cheval, Alain de » la Lande et quelques autres de la suite du comte, » faisant semblant de badiner, jetèrent les planches du

» pont dans la rivière. Le duc crut d'abord que c'était » un jeu et en rit comme les autres, quoique la meil- » leure partie de ses gens n'eût pas encore passé la » rivière. Pendant ce prétendu badinage, Charles » de Blois, frère du comte de Penthièvre, sortit d'un » bois qui était proche avec quarante lances et quel- » ques gens de pied. Le duc surpris de voir cette troupe » armée dit au comte : *Beau cousin, quelles gens sont-* » *ce ci? Ce sont mes gens*, répondit le comte. Aussitôt » il mit la main sur lui en disant qu'il le faisait prison- » nier de Monseigneur le Dauphin, et qu'avant qu'il » lui échappât, il lui rendrait son héritage. Charles de » Blois mit en même temps la main sur Richard de Bre- » tagne, et le fit aussi prisonnier. Les gens du duc » ayant voulu se mettre en défense, ceux du comte qui » étaient les plus forts, les maltraitèrent et en blessè- » rent plusieurs..... Le duc eût subi le même traite- » ment, si le comte n'eût arrêté Henri Lalleman, qui » allait lui donner un coup d'épée.

» L'action finie, tous les gens du duc furent désar- » més et conduits à Châteauceaux par Charles de Blois. » La comtesse de Penthièvre ayant appris par son fils » ce qui s'était passé au pont de la Troubarde, se saisit » de la vaisselle du duc et fit arrêter les officiers qui » l'avaient apportée..... Les uns furent conduits à Clis- » son, à Palluau et aux Essards, les autres furent » retenus à Châteauceaux. Pendant ce temps-là le comte » de Penthièvre conduisait le duc à Clisson avec son » frère Richard et Bertrand de Dinan, maréchal de » Bretagne. Lorsqu'ils furent près d'entrer dans Clisson,

» le comte défendit au duc, sous peine de la vie, de » jeter aucun cri, qui pût émouvoir le peuple ; le duc » lui obéit, et passa la ville sans se faire connaître. Le » comte craignant que le duc ne s'évadât dans la cam- » pagne, lui fit attacher la jambe droite à la bride et à » l'étrier de son cheval, qu'on menait par un licou. A » côté de cet infortuné prince marchaient deux cava- » liers, armés l'un et l'autre d'une demi-lance. Vers le » milieu de la nuit le comte arriva, avec ses prison- » niers, au château de Catherine du Fresnoi, chez qui » il entra pour manger, laissant le duc dans la cour » exposé au vent et à la pluie. Cependant le duc qui » n'avait mangé, ni bu, depuis son départ du » Loroux..... fit demander..... la permission de mettre » pied à terre. Le comte lui accorda sa demande et lui » fit donner à manger. On le fit ensuite remonter à che- » val et marcher toute la nuit. Ils arrivèrent au point » du jour à Palluau, où ils demeurèrent cinq ou six » jours. Le maréchal de Bretagne fut envoyé de cet » endroit aux Essards où il fut étroitement renfermé. » Le duc fit quelques instances pour avoir au moins un » de ses domestiques mais on eut la dureté de le lui » refuser.

» De Palluau le duc et son frère Richard furent con- » duits à Châteauceaux, où ils arrivèrent le mardi gras. » Avant que d'entrer dans le bourg, le comte fit des- » cendre ses prisonniers au prieuré, et alla trouver sa » mère au château. Après y avoir été assez longtemps, » il revint trouver ses prisonniers et les mena dans une » des tours du château. Il avait eu la précaution de

» faire retirer tout le monde afin que le duc ne pût par-
» ler à personne. Il le mit dans une chambre avec son
» frère et ferma la porte sur eux. (Dom Morice, 473.)

Dans sa captivité il ne se piqua pas d'un grand courage; il priait humblement qu'on ne le fît pas mourir. Marguerite qui, dès le soir, était allée le voir, lui répondait par le verset : *Deposuit potentes de sede;* elle lui représentait que beaucoup de princes et seigneurs avaient éprouvé de plus grands revers de fortune et n'étaient jamais remontés sur le trône. Le duc alors répétait : *qu'il ne challait de déposition de seigneurie, pourvu qu'il fût assuré de la vie.*

Cependant l'attentat des Penthièvre, criait vengeance. La duchesse, dans une énergique indignation, pourvut aux moyens de gouverner son duché pendant l'absence de l'illustre captif; puis elle convoqua les Etats pour le 23 février.

De son côté, Marguerite garnit Châteauceaux et plusieurs autres places fortes de tout ce qu'elle put réunir de troupes étrangères, déclarant aussitôt la guerre aux sujets du duc, surtout aux Nantais.

La noblesse bretonne jura de verser jusqu'à la dernière goutte de son sang pour venger son souverain; et, avec une armée de 50,000 volontaires, elle marcha sur Lamballe, boulevard du comté de Penthièvre.

Tant de résolution déconcerta Marguerite et ses enfants. Pour décourager l'armée bretonne ils répandirent le bruit que Jean V avait été trouvé noyé dans la Loire. Ce stratagème n'ayant pas réussi, le comte et son frère Jean, armés l'un et l'autre d'une dague et d'une épée, allèrent trouver leur prisonnier, et lui portant le poing au visage, lui déclarèrent que si le siége de Lamballe n'était levé au plus tôt, ils lui couperaient la tête et la porteraient au bout d'une pique sur la plus haute tour du château. Jean répondit qu'il ne pouvait empêcher le dévouement des seigneurs bretons, qu'il ne leur avait donné aucun ordre, mais qu'il était prêt à leur dire de se retirer. Le lendemain on lui enjoignit d'écrire à la duchesse et aux seigneurs de lever le siége de Lamballe. Loin d'avoir égard à cet ordre dicté par la peur, les seigneurs s'emparèrent de Lamballe et de Guingamp.

A cette nouvelle, le comte fit transférer son prisonnier à Vandoynes, de là successivement dans 7 ou 8 autres prisons, finissant par Clisson, comme pour lui rappeler l'attentat commis 33 ans auparavant contre le seigneur de ce manoir dans le château de l'Ermine.

Cependant la guerre avait continué avec acharnement en Bretagne; plusieurs des places principales du comté de Penthièvre étaient assiégées, emportées, démolies même. Alors toutes les forces réunies vinrent assiéger Châteauceaux, où la mère et la femme du comte se trouvaient renfermées.

Le dauphin, qui, dans l'ombre, avait poussé les Penthièvre à la révolte, commença à trembler pour leur sort. On avait jeté un pont de bois sur la Loire ; bloqué le château de toutes parts, et le siége était poussé avec d'autant plus de vigueur que l'armée bretonne avait l'approbation de la meilleure partie du royaume.

Marguerite n'avait cessé d'encourager les assiégés par sa présence; mais bientôt elle s'aperçut que la résistance n'était plus possible ; les murailles étaient fortement ébranlées. Craignant donc d'être prise les armes à la main, elle résolut de capituler. Il y eut suspension d'armes et l'on rédigea les articles du traité. Il portait, entre autres conditions, que Marguerite rendrait la place et le duc, qu'elle lui ferait réparation, après quoi elle sortirait du château avec sa famille et la garnison.

Elle expédia aussitôt ce traité à son fils en le conjurant, s'il voulait sauver la vie à sa mère, de le ratifier et de le mettre à exécution en rendant la liberté au duc.

Ce résultat auquel il ne s'attendait pas, affecta péniblement le comte, mais il dut se soumettre à cause de sa mère ; d'ailleurs le parti des Montfort devenait chaque jour plus puissant.

Le 5 juillet 1420, après 5 mois de captivité, le duc recouvra la liberté. Dès son arrivée au camp des assiégeants, on laissa Marguerite, ses enfants et la garnison, sortir de Châteauceaux. Le duc en ordonna aussitôt la démolition (1).

(1) Il est vraisemblable qu'avec le château Jean V fit raser la ville, et qu'il la transporta en dehors des murs d'enceinte, là où s'élève le bourg aujourd'hui.

Cette belle et vaste plateforme ainsi rasée n'offrit pendant longues années, aux regards attristés, qu'un sombre amas de décombres. Les seigneurs de Champtoceaux l'avaient abandonnée. Pourtant ils consentirent à en vendre quelques parcelles : peu à peu de modestes habitations s'élevèrent auprès de ces ruines si riches de souvenirs. Depuis le commencement de notre siècle, M. la Furetière, par des achats partiels, en a fait une belle et agréable propriété.

Rentré à Nantes, il récompensa, avec les terres confisquées sur les Penthièvre, la fidélité des seigneurs qui l'avaient si bien servi. Il donna Châteauceaux à Bertrand de Dinan, maréchal de Bretagne, qui, arrêté avec lui à Pont-Trubert, avait été son compagnon de captivité.

Ce seigneur de Châteauceaux fut nommé, en 1425, lieutenant et capitaine général du pays du Maine et de l'Anjou, où il servit le roi en la compagnie du connétable.

Il mourut, sans postérité, le 21 mai 1444. Sa nièce, Françoise de Dinan, dame de Châteaubriant, qui devint la femme de Gilles de Bretagne, recueillit sa succession; Châteauceaux en fut excepté : soit que ce domaine n'eût été donné que viagèrement par Jean V, soit que Bertrand eût voulu qu'il retournât, à sa mort, au duc de Bretagne.

Le 27 juin 1448 un traité de paix et de réconciliation fut signé à Nantes entre François Ier, duc de Bretagne, et comte d'Etampes, et Jean de Blois, devenu chef de la famille de Penthièvre par la mort de son frère Olivier.

Ce traité porte que Jean de Blois, Guillaume son frère, Nicole sa nièce et Jeanne sa sœur, renoncent à tous les droits qu'ils prétendaient avoir sur le duché de Bretagne et sur les terres confisquées par arrêt du parlement, ainsi qu'à toutes leurs prétentions sur Clisson et Montfaucon, sis sur les marches de Bretagne, Poitou et Anjou, *fors seulement ce que est assis en la châtellenie de Châteauceaux qui demeurera au dit Jéhan de Bretagne et à ses hoirs, successeurs et de lui ayans cause héritellement.*

C'est ainsi que les Penthièvre redevinrent seigneurs de Châteauceaux. Cette châtellenie, par le mariage de Nicole de Blois avec Jean de Brosse, passa dans cette famille et y resta jusqu'au jour où l'un de ses membres, Jean de Brosse, IVe du nom, après avoir obtenu du roi François Ier, par la honte et l'infamie, la possession et jouissance du comté de Penthièvre et autres seigneuries, vendit Châteauceaux au connétable Anne de Montmorency (1565).

En passant à cette noble et héroïque famille, notre châtellenie, qui n'avait pu gagner en moralité sous un maître avili, put se régénérer au contact de ses nouveaux seigneurs, modèles de dévouement et de dignité chevaleresque, car tous versèrent avec gloire leur sang pour la France.

Anne de Montmorency fut l'un des plus grands capitaines de son siècle. Il avait fait ses premières armes avec Bayard, et mourut à la journée de Saint-Denis, en 1567, à 74 ans.

Cet intrépide vieillard légua à ses enfants sa bravoure et la noblesse de son caractère : il leur avait ouvert la voie ; aucun d'eux ne s'en écarta. Mais son petit-fils, Henri II du nom, qui, jeune encore, s'était couvert de gloire sur terre et sur mer, à la tête des armées françaises, se laissa entraîner dans le parti de Gaston d'Orléans contre le cardinal de Richelieu, et souleva le Languedoc dont il était gouverneur. Le maréchal Schomberg le battit à Castelnaudary et le fit prisonnier.

Il fut condamné à mort par le parlement de Toulouse. La France entière, se rappelant la jeunesse du coupable et les services qu'il avait rendus, demanda une commutation de peine. Mais ce fut en vain, le roi, pressé par le cardinal, resta inébranlable. Henri fut exécuté à Toulouse, le 30 octobre 1632, à l'âge de 37 ans. C'était le dernier rejeton de la banche aînée des Montmorency.

Ses biens, qui avaient été confisqués, furent, par lettres du roi, en date de mars 1633, registrées au parlement le 9 et en la chambre des comptes le 11 du même mois, rendus à sa famille qui les partagea. Champtoceaux, avec d'autres domaines, échut à Charlotte-Marguerite, sa sœur, qui avait épousé Henri de Bourbon, prince de Condé.

C'est ainsi que cette autre famille de héros devint maîtresse de Champtoceaux.

La prépondérance des Condé à la cour valut à cette seigneurie d'importantes faveurs. Par lettres patentes du roi, elle fut érigée en baronie. Elle avait sous sa dépendance neuf paroisses comme aujourd'hui.

Le roi, Louis XIII, par lettres d'avril 1640, y établit quatre foires annuelles; elles furent fixées aux lundis d'après les fêtes de Saint-Georges, de la Pentecôte, de la Magdeleine et de la Saint-Michel. Il y avait aussi un marché tous les lundis.

Aujourd'hui il n'y a ni marché ni foires. L'autorité locale, quoi qu'elle eût fait, n'a jamais pu rendre à cette cité la vie commerciale qu'elle paraît avoir eue pendant quelque temps. Pourtant, au lundi de la Pentecôte, il se tient une espèce de foire, où se rend la jeunesse du pays plutôt par amusement que par affaires. L'étalage des marchands consiste dans deux ou trois boutiques de bimbeloterie, établies dans la rue et sur la place dite des Piliers (1).

Du reste cette activité qui résulte des foires et marchés ne fut pas de longue durée à Champtoceaux, car suivant une lettre de M. de Moncelet, curé de la Varenne, du mois de mai 1697, *tout était anéanti*, à cette date, *par suite des impositions mises sur les marchandises amendes*. La population avait même beaucoup diminué ; bon nombre de familles passaient en Bretagne *pour éviter les grands droits*.

Des impôts devaient paraître en effet d'autant plus lourds aux habitants qu'ils avaient été exemptés de subsides et *solages* par François Ier en 1520, par Henri II en 1547 et par Charles IX en 1564.

Toutefois il leur resta toujours une branche de commerce importante, le vin. Seulement, dit encore M. de Moncelet, *il était presque tout converti en eau-de-vie à cause de sa mauvaise qualité* : il se gâtait par la chaleur.

Aujourd'hui les vignes sont cultivées avec plus de succès, le vin ne se gâte plus à la chaleur, si ce n'est très-exceptionnellement, et il est d'assez bonne qualité pour n'être pas déplacé sur une table servie par l'*aurea mediocritas*.

(1) Ce mot *Piliers* a, selon l'ancienne coutume, la même signification que *Pilori* ou *Poteaux de Justice*. C'était là, en dehors des murs, que se faisaient les exécutions.

Quoi qu'il en fût du commerce de Champtoceaux, la nouvelle baronie avait pourtant assez d'importance pour que, dès le 10 février 1645, les Etats de Bretagne voulussent la réunir à leur province. Mais le conseil de ville d'Angers s'opposa à cette adjonction, parce que : « *c'est une des principales dépendances du duché d'Anjou, du ressort du présidial de la juridiction de l'élection d'Angers, contribuable aux tailles et impositions d'icelle; et que les neuf paroisses qui en dépendent sont des meilleures de l'élection.* »

La demande des Etats de Bretagne n'eut pas d'autre suite, et Champtoceaux continua *d'être des enclaves du pays d'Anjou*. Seulement il resta, *quant au spirituel, sujet de l'évêque de Nantes; ce qui a donné lieu au vieux quolibet :* LA NOUS SOMMES AU DIEU DE BRETAGNE ET AU DIABLE D'ANJOU.

Cet état de choses dura jusqu'au concordat de 1801.

Le prince de Condé, malgré sa vie agitée, ne perdait pas de vue son beau domaine angevin, et s'appliquait à procurer au pays, avec les habitudes du travail, les jouissances qui en sont l'heureux résultat. En 1677, il établit en 18 coupes réglées les forêts du Parc et de la Foucaudière, qui contenaient chacune 823 journaux (440 hectares environ). Jusque là elles avaient été irrégulièrement exploitées, mais depuis lors on vendit exactement, chaque année, une coupe dans l'une et l'autre forêt, ce qui occupait les journaliers tous les hivers.

Les choses ainsi établies, le prince de Condé confia l'administration de ses biens à des intendants qui ne donnèrent pas, à la vérité, une grande impulsion aux affaires, mais aussi qui n'exercèrent jamais de vexations dans le pays.

La justice, comme nous l'avons dit, était rendue paternellement par un sénéchal.

Les habitants de Champtoceaux vivaient donc heureux et tranquilles sous ce régime seigneurial, quand la Révolution française éclata. Les princes de la maison de Condé, qui commencèrent le mouvement de l'*émigration*, furent aussi les premiers atteints par la loi sur la confiscation des biens. Les leurs, déclarés *biens nationaux,* furent régis d'abord par des agents spéciaux, puis par l'administration des Domaines. Quelques portions furent aliénées.

Champtoceaux, compris dans cette circonscription qu'on est convenu d'appeler *Vendée militaire*, prit part au mouvement insurrectionnel et fit partie de la division de Stofflet.

Il ne se passa rien de particulier dans cette paroisse : elle fut incendiée comme toutes les autres et fut le théâtre d'atrocités — suite horrible de toute guerre civile. — En 1796, après la mort de Stofflet, tous ceux que la mort avait épargnés, profitant de l'amnistie, rentrèrent dans leurs foyers, reprirent leurs charrues, comme autrefois, et travaillèrent à réparer les maux, les désastres de la guerre. Puis quand le Premier-Consul, en 1801, donna le concordat, ils s'empressèrent de témoigner leur reconnaissance à l'illustre restaurateur du culte chrétien.

Durant les guerres de l'Empire on ne les trouva pas récalcitrants ; la plupart des jeunes gens furent enrôlés dans la marine, quelques-uns dans l'armée de terre; tous montrèrent, dans ces temps de lutte terrible, qu'ils savaient verser leur sang pour la patrie.

A la première rentrée des Bourbons, en 1814, plusieurs anciens Vendéens vivaient encore : ils accueillirent avec enthousiasme le nouveau gouvernement. Le reste de la population demeura indifférente. Très-peu d'hommes prirent les armes pendant les Cent-Jours.

En 1815, le prince de Condé prit possession des biens paternels qui n'avaient pas été vendus. Mais pendant l'émigration les évènements avaient marché, les institutions politiques de la France avaient bien changé : il n'était plus dans le pays qu'un riche propriétaire. — Il fit administrer ses biens, comme autrefois, par des intendants.

La Révolution de 1830 vint surprendre les habitants de Champtoceaux sans beaucoup les émouvoir : la population ne songeait guère aux mouvements politiques, et les anciens soldats vendéens avaient presque tous disparu. Ce ne fut pas cependant sans une certaine émotion qu'elle apprit la mort de Louis-Henri-Joseph, duc de Bourbon. Le 27 août, un mois après les *Journées de Juillet*, son corps fut trouvé suspendu à l'agrafe des volets intérieurs d'une croisée de sa chambre : c'était le dernier des Condé.

Longtemps avant sa mort, il avait légué la plus grande partie de sa fortune au duc d'Aumale, l'un des fils du roi Louis-Philippe.

Le jeune duc, devenu ainsi propriétaire de la forêt

du Parc, la vendit le 15 novembre 1834 à M. le marquis de Coislin.

Ce nouveau propriétaire la fit exploiter pendant une vingtaine d'années, et finit par la vendre en détail. Aujourd'hui la moitié environ de cette forêt est déboisée et cultivée plus ou moins heureusement. Encore quelques opérations de ce genre, et bientôt il n'y aura plus de bois en France.

En 1832, une prise d'armes conduite par la duchesse de Berry fut tentée dans la Vendée. A Champtoceaux personne n'y prit part. On vécut sous la branche cadette des Bourbons avec le même calme, la même indifférence que sous la branche aînée. On allait avec peine, au temps des élections, déposer dans l'urne électorale, un bulletin de vote plutôt accepté que choisi.

Ce caractère, que les malheurs passés avaient sans doute fait naître, ne se montra pas tout-à-fait le même en 1848. Un certain sentiment d'inquiétude assombrit un instant les visages. Mais quand l'orage fut passé, la confiance reparut, les esprits s'animèrent, sans exaltation. Aux élections de 1848 et 1851 on se rendit exactement à l'élection. En 1852 on vota avec enthousiasme. Cet élan sympathique ne s'est point refroidi depuis.

Champtoceaux, comme nous l'avons vu, avait presque l'importance d'une grande ville avant la Révolution. La nouvelle organisation judiciaire, décrétée les 16-24 août 1790, lui laissa quelque chose de cette prérogative, en désignant cette commune comme chef-lieu de canton. Le juge de paix eut sous sa juridiction neuf communes, comme autrefois la baronie. Mais lors de l'organisation religieuse, après le concordat, Champtoceaux, nous ne savons pourquoi, resta simple desservance ; il n'eut pas le canton spirituel, qui fut donné à la paroisse de Drain. Cet état de choses existe encore aujourd'hui. Mais en 1848, M. de Falloux, alors ministre des cultes, répara le passé, en faisant cure de seconde classe la desservance de Champtoceaux.

Pendant bien longtemps Champtoceaux n'avait presque de communications possibles avec l'extérieur que par les bateaux à vapeur. Aujourd'hui il a deux grandes routes et un chemin d'intérêt commun, sans parler du chemin de fer, sur la rive droite de la Loire. Malheureusement la gare d'Oudon qui dessert notre pays est à une trop grande distance. Quoi qu'il en soit, ces voies de communication ont beaucoup contribué au développement et aux progrès de l'agriculture. Aujourd'hui le cultivateur ne connaît plus les jachères, ses terres produisent au moins une récolte par an. Des fourrages abondants lui permettent d'avoir un nombreux bétail ; il fait ce qu'il appelle *le gras* (bœufs et porcs). Les engrais qu'il sait ménager le mettent à même d'ameublir ses terres et de fumer ses vignes de *gros plant* ou *enragé*, cépage qui produit en abondance ce petit vin qu'on vend pour le vinaigre et même pour d'autres usages dont l'acheteur garde le secret.

Nous ne terminerons pas cette Monographie sans parler de l'homme qui, sorti des rangs du peuple, a su, dans les temps modernes, se distinguer plus particulièrement quoique dans une position modeste.

Etienne Botineau, fils de Mathurin Botineau et de

Marguerite le Fou, naquit à Champtoceaux, le 3 mai 1738. Il était tout jeune encore quand il fut embarqué, à Nantes, en qualité de pilotin, sur un bâtiment marchand. La régularité de sa conduite et son aptitude le placèrent bien vite au-dessus des autres dans l'esprit du capitaine; aussi quand, après quelques voyages au long cours, il fut appelé à servir sur les vaisseaux de l'Etat et sur ceux de la Compagnie des Indes, il fut accueilli avec toute sorte d'égards par les officiers de marine. En 1784, il était, à l'Isle-de-France, employé dans le génie, et c'est au retour de ce voyage, en 1785, qu'il publia ses *Mémoires sur la découverte d'un moyen physique qui annonce les vaisseaux et les terres jusqu'à 250 lieues de distance*. Vol. in-4°.

Nous avons parcouru sommairement l'histoire de Champtoceaux, nous avons vu son antique origine et constaté son importance.

Lui rendre son éclat d'autrefois n'est certainement pas possible; mais avec l'aide et l'appui de l'autorité supérieure qui ne fait jamais défaut à une initiative raisonnable et bien entendue, donnons un peu l'essor aux améliorations de toutes sortes. La richesse et le bien-être du pays dépendent de notre volonté et de notre énergie.

FIN.

BIBLIOTHÈQUE IMPÉRIALE

Saumur, imp. de P. Godet. — (1269-5)

www.ingramcontent.com/pod-product-compliance
Lightning Source LLC
LaVergne TN
LVHW010041230826
846091LV00005B/1820

* 9 7 8 2 0 1 2 9 2 3 5 7 7 *